ANALISI DEL LIBRO

AF143438

L'uomo che piantava gli alberi

. . . .

JEAN GIONO

ANALISI DEL LIBRO

Scritto da Marine Everard
Tradotto da Sara Rossi

L'uomo che piantava gli alberi

Jean Giono

JEAN GIONO

SCRITTORE FRANCESE

- **Nato a Manosque (Francia) nel 1895**
- **Morto a Manosque nel 1970**
- **Opere degne di nota:**
    - *Il canto del mondo* (1934), romanzo
    - *Le anime forti* (1950), romanzo
    - *Il cavaliere sul tetto* (1951), romanzo

Jean Giono è stato uno scrittore e regista francese nato a Manosque nel 1895. Dopo essersi arruolato nel 1914 ed essere rimasto profondamente scioccato dall'esperienza della guerra, divenne un convinto pacifista, tanto da essere imprigionato nel 1939 per aver scritto testi pacifisti, poi accusato ingiustamente di collaborazione con i nazisti, cosa che porterà una certa oscurità nelle sue opere successive. Morì nel 1970.

La sua produzione romanzesca è segnata da un profondo umanesimo, dal culto della natura e della vita rurale e dalla guerra. Mette al centro delle sue riflessioni l'uomo e la natura a turno. Giono è autore di *La collina del destino* (1929), *Al macello* (1931), *Il canto del mondo* (1934), *La gioia dei desideri dell'uomo* (1935), *Le anime forti* (1950) e *Il cavaliere sul tetto* (1951).

L'UOMO CHE PIANTAVA GLI ALBERI

"RENDERE PIACEVOLE IL PIANTARE ALBERI"

- **Genere:** racconto breve
- **Edizione di riferimento:** Giono, J. [Senza data]. *L'uomo che piantava gli alberi*. [Online]. Trans. Doyle, P. [Accesso 24 ottobre 2016]. Disponibile da: <http://www.perso.ch/arboretum/Man_Tree.htm?Submit.x=20&Submit.y=5>
- **1ª edizione:** 1953
- **Temi:** ecologia, natura, felicità, vita, armonia

L'uomo che piantava gli alberi è un racconto di Jean Giono scritto per la rivista *Reader's Digest* nel 1953 sul tema "la persona più eccezionale che ho incontrato". L'autore racconta il viaggio di Elzéard Bouffier, un pastore solitario che ha ridato vita a una regione desertica abbandonata semplicemente piantando alberi. L'autore ha voluto che il suo testo fosse libero da diritti d'autore per poter svolgere al meglio la sua funzione e "rendere simpatico il piantare alberi". Questo testo ha fatto il giro del mondo e ha alimentato numerose iniziative ecologiche. Oggi sembra essere classificato come letteratura per bambini, anche se non è stato scritto con questo scopo, e rivela una profondità di significato inaspettata a prima vista.

SINTESI

Dal 1913 al 1945, il narratore rievoca i suoi incontri con Elzéard Bouffier, un vecchio pastore che ha piantato continuamente alberi ad Alpes-de-Haute-Provence, in modo che questa regione desertica rinascesse gradualmente e tornasse alla vita.

Nel 1913, il narratore sta facendo un'escursione nel nord delle Alpi dell'Alta Provenza, in un paesaggio arido e desolato, attraverso "terre aride e desolate". Incontra un vecchio taciturno di nome Elzéard Bouffier, che gli permette di bere dalla sua fiaschetta e di passare la notte nella sua casa di pietra che ha restaurato lui stesso. Incuriosito dal lavoro meticoloso del pastore, che smista e prepara le ghiande prima di andare a dormire, lo accompagna a portare al pascolo le sue pecore il giorno seguente. Da tre anni, infatti, l'uomo si dedica a piantare alberi con l'obiettivo di ridare vita a questa regione desertica dominata dalla morte e dalla desolazione.

L'anno successivo il narratore viene arruolato e parte per il fronte. Dopo la guerra, per "respirare un po' di aria pura", decide di tornare nella solitudine del "paese deserto" di Alpes-de-Haute-Provence. È sorpreso di notare che sulle alture un tempo spoglie è spuntata una foresta e trova Elzéard Bouffier in perfetta salute. Il pastore è diventato apicoltore e continua a svolgere diligentemente il suo compito di piantatore, irremovibile nonostante gli anni di guerra. Dopo le querce, ha piantato faggi e betulle. Per reazione naturale, la presenza degli alberi ha riportato l'acqua nel terreno, che ha raggiunto il villaggio morto sottostante.

Dal 1920 in poi, il narratore visiterà regolarmente il vecchio che, nonostante gli ostacoli che incontra, porta avanti instancabilmente il suo progetto. A poco a poco, la foresta sorta dal nulla fa parlare di sé. Le autorità amministrative, che pensano che sia sorta naturalmente, decidono di porre la foresta "sotto la protezione dello Stato". Il narratore presenta Elzéard Bouffier a un amico che è uno dei capi forestali e gli rivela la verità, affinché la foresta e il lavoro del vecchio siano protetti dai taglialegna e dal disboscamento.

Il narratore incontra il pastore per l'ultima volta nel 1945. La regione è stata completamente trasformata ed egli stenta a riconoscere il luogo dei suoi viaggi precedenti: i villaggi sono stati ricostruiti e le famiglie vi si sono stabilite, in particolare nel villaggio di Vergons, che è irriconoscibile. La durezza del clima e il carattere selvaggio degli abitanti sono stati sostituiti da una vita semplice. Ora, l'intero paese "fiorisce con splendore e facilità": i circa 10 000 abitanti della regione hanno trovato la felicità grazie a Elzéard Bouffier, che muore in un ospizio di Banon nel 1947.

STUDIO DEL CARATTERE

ELZÉARD BOUFFIER

Elzéard Bouffier è "l'uomo che piantava gli alberi", il personaggio centrale del racconto, ed è presentato da Giono come una persona realmente esistita anche se completamente fittizia. Ha 55 anni quando il narratore lo incontra nel 1913 e 87 anni l'ultima volta che lo vede, nel 1945. Muore in un ospizio nel 1947 all'età di 89 anni.

Un uomo comune...

Dopo aver perso la moglie e il figlio, si è ritirato sulle montagne dove è diventato pastore. È un uomo solitario e tranquillo, che non parla molto ma sembra "sicuro di sé e fiducioso in questa certezza". La sua casa è umile, pulita e ordinata all'interno. Conduce una vita semplice e modesta e, in modo del tutto naturale, offre al narratore vitto e alloggio, secondo le regole fondamentali dell'ospitalità. Oltre al suo lavoro di pastore, il vecchio si è dato il compito di piantare una foresta nella regione, che è selvaggia e arida. A questo dedica le sue giornate in montagna e svolge il lavoro con metodo e modestia con un semplice bastone di ferro.

... che realizza cose straordinarie

Il ritratto che il narratore fa del pastore è pieno di elogi: predomina il registro elogiativo. L'uso di superlativi, avverbi di intensità e un lessico migliorativo evidenziano le "qualità eccezionali" di questo personaggio, che sono, paradossalmente, il risultato della sua semplicità: la sua "azione è priva di ogni egoismo"; il suo comportamento è "di generosità incondizionata"; dimostra "ostinazione nel compiere questo magnifico atto di generosità" e "costanza […] grandezza d'animo, e […] dedizione disinteressata"; e addirittura "ne sa molto più di chiunque altro su questo genere di cose". Il narratore rivela grande sorpresa e grande ammirazione per l'azione di Elzéard Bouffier, tanto da paragonarlo alla creazione divina. Oltre a usare i termini "creazione" e "opera", afferma che il vecchio è un "atleta di Dio" e che "ha saputo realizzare un'opera degna di Dio". La sua opera è straordinaria come se provenisse da una potenza soprannaturale: Elzéard "è stato capace di trasformare un deserto in questa terra di Canaan" usando solo "le sue semplici risorse fisiche e morali". Con la sola forza delle sue mani e la sua determinazione, senza altro aiuto che la sua forza di volontà, è stato in grado di elevarsi allo stesso livello di Dio. La portata della sua opera è quasi incommensurabile: in seguito alla creazione della foresta (che si estende per chilometri), avviene una reazione a catena naturale. Ritorna l'acqua, seguita dalla vegetazione, dai cicli naturali e dalla mitezza del clima, si trasferiscono le famiglie, si formano di nuovo i legami sociali, compaiono le culture e le fattorie; in una parola, c'è la felicità.

In questo modo, Elzéard Bouffier è un "contadino incolto", un pastore, che incarna la figura dell'artista o quella del profeta (il nome Elzéard ricorda Eleazar, che significa "colui che ha il sostegno di Dio"). Egli simboleggia anche i valori umanistici: la generosità e l'altruismo, il lavoro e il rispetto per la natura. Possiede la chiave della felicità umana e ha saputo dare un senso alla sua vita e alla condizione umana in generale, guidando gli abitanti della regione verso il benessere e la pace.

IL NARRATORE

Dato che il testo è presentato come un resoconto dell'esperienza dell'autore, quest'ultimo condivide molte somiglianze con il narratore. L'esperienza della "guerra del '14 […] in cui sono stato impegnato per cinque anni" come "fante" è autobiografica, così come la partecipazione alla battaglia di Verdun, che viene menzionata. La regione natale del narratore e il luogo in cui ritorna alle sue radici è la valle della Durance, circondata da montagne. Lo stesso vale per Giono, che celebra questa regione in diverse opere. Le posizioni ideologiche del narratore sono quelle dell'autore stesso, sia per quanto riguarda la condanna di fondo della guerra, sia per l'utopia rurale che viene tratteggiata alla fine del racconto.

Il narratore svolge anche il ruolo di testimone e ausiliario nella narrazione. È lui che aiuta a proteggere il lavoro e la tranquillità del pastore, in particolare intercedendo presso l'amico guardaboschi, perché "ha capito il valore delle cose". A questo livello, c'è una dissociazione tra il narratore e l'autore.

ANALISI

UNA NOTA BIOGRAFICA, O UN DESIDERIO DI INGANNO

Jean Giono mantenne a lungo il mito di Elzéard Bouffier e sostenne che i fatti narrati erano veri. Solo nel 1957, in una lettera al responsabile delle acque e delle foreste di Digne, l'autore rivelò l'inganno: Elzéard Bouffier è un personaggio immaginario, creato per ispirare le persone e indurle a piantare alberi. In realtà, il racconto è costruito come una nota biografica: riporta, attraverso una cronologia precisa, gli eventi principali della vita di Elzéard Bouffier e ne traccia un ritratto morale e fisico. Inoltre, si chiude con la morte del vecchio, e alcune parole di elogio del narratore assomigliano a epitaffi o a volte fanno sembrare la narrazione un elogio funebre. Gli effetti della realtà sono veicolati in particolare dall'iscrizione del racconto in un preciso contesto storico e geografico.

• La localizzazione geografica, dettagliata con precisione e insistenza, l'uso di toponimi reali (come il villaggio di Vergons) e i riferimenti a luoghi realmente esistenti (come l'ospizio di Banon) ancorano la narrazione alla realtà:

> "Questa regione è delimitata a sud-est e a sud dal medio corso della Durance, tra Sisteron e Mirabeau; a nord dall'alto corso della Drôme, dalla sorgente fino a Die; a ovest dalle pianure del Comtat Venaissin e dalla periferia del Mont Ventoux. Comprende tutta la parte settentrionale del Dipartimento delle Basses-Alpes, il sud della Drôme e una piccola enclave di Vaucluse".

- L'ambientazione temporale, basata su una meticolosa datazione (1913, "da tre anni a questa parte", 1920, 1933, 1935, 1945 e 1947), intreccia la realtà storica, episodi auto-biografici ed episodi della vita di Elzéard Bouffier, stabilendo in questo modo precisi punti di riferimento cronologici. I riferimenti storici alla Prima e alla Seconda Guerra Mondiale contribuiscono ad ancorare la narrazione alla realtà.

Infine, il carattere testimoniale del racconto si riferisce a un espediente letterario che mira a creare l'illusione di una narrazione autentica, nella misura in cui una narrazione in prima persona è la più adatta a far credere il lettore.

UNA PARABOLA UMANISTA

È possibile paragonare questo racconto molto breve (circa 10 pagine) a una parabola o a una favola, nonostante il suo ancoraggio realistico. La parabola, come la favola, è una narrazione allegorica che illustra una verità morale sotto la copertura di un aneddoto apparentemente insignificante o divertente. A volte viene utilizzata per scopi religiosi, in particolare nella Bibbia. In effetti, la dimensione biblica e religiosa è qui presente, sia nei riferimenti ("ora Lazzaro era uscito dalla sua tomba" si riferisce a un episodio della Bibbia la "terra di Canaan" è il nome biblico di una regione del Medio Oriente, corrispondente all'incirca alle odierne Israele e Palestina) sia nella figura di Elzéard Bouffier, il "creatore". Simbolicamente, l'albero collega il mondo terreno (le sue radici affondano nella terra) e quello celeste (la sua chioma si protende verso il cielo), tanto più che il narratore colloca la regione "a circa 1 200-1 300 metri sul livello del mare". Il testo è quindi impregnato di un certo grado di spiritualità.

Ma, più in generale, *L'uomo che piantava gli alberi* è una parabola umanista, nella misura in cui la storia raccontata illustra valori morali essenziali e permette al lettore di riflettere sull'umanità:

- La parabola illustra le virtù del silenzio (il leitmotiv del silenzio percorre tutto il testo: il silenzio eloquente del vecchio e le sue laconiche conversazioni con il narratore si contrappongono alle "parole inutili" della delegazione amministrativa), dell'altruismo (l'unico scopo della generosità del vecchio che pianta alberi è quello di riportare la vita nella regione: non aspira a riconoscimenti – le uniche persone che sanno che il bosco è opera sua sono il narratore e il suo amico – né a trarre profitto dalla sua impresa), di lavoro e di semplicità (il vecchio vive in modo pulito, accontentandosi del necessario ed evitando il superfluo). Si evidenzia l'altruismo del vecchio, che paradossalmente nasce da un'azione solitaria compiuta ai margini dei rapporti tra gli uomini e del progresso tecnico.

- Inoltre, illustra un'arte di essere felici combinando armonia interiore (il vecchio che pianta i suoi alberi nel corso degli anni "ha trovato un ottimo modo di essere felice"), armonia con la natura (in un certo senso, Elzéard Bouffier assiste al processo naturale di nascita della foresta, che resiste solo una volta, quando gli aceri muoiono) e armonia sociale (gli abitanti del villaggio formano una piccola comunità pacifica alla fine della narrazione). Queste tre dimensioni interagiscono tra loro nella narrazione, perché è attraverso il suo "modo di essere felice" (la piantumazione degli alberi), un onere del tutto personale e solitario, che il vecchio rende possibile la felicità degli abitanti della regione. Solo gli alberi fungono da collegamento tra loro; non hanno alcun contatto diretto. Inoltre, il vecchio ha creato un ambiente naturale rigoglioso e generoso, rendendo possibile una vita rurale in armonia con gli elementi. L'arte di vivere felice di Elzéard Bouffier permette di dare vita alla foresta, che a sua volta porta armonia nella vita degli abitanti del villaggio.

DISTRUZIONE CONTRO CREAZIONE

È possibile anche una lettura storica del racconto, in relazione alla sua dimensione parabolica. Infatti, *L'uomo che piantava gli alberi* sembra essere il doppio utopico che inverte e scongiura l'esperienza traumatica di due guerre mondiali. Non è certo un caso che la narrazione inizi poco prima della Prima Guerra Mondiale (1913) e si concluda alla fine della Seconda (1945-1947). La vita di Elzéard Bouffier scorre controcorrente rispetto alle catastrofi del suo tempo.

Si stabilisce un parallelo antitetico tra la "creazione" di Elzéard Bouffier, fonte di vita, e la "distruzione" dovuta alle due guerre successive, fonte di morte: "Quando ho pensato che tutto questo era nato dalle mani e dall'anima di quest'uomo – senza aiuti tecnici – mi è venuto in mente che gli uomini potevano essere efficaci come Dio in ambiti diversi dalla distruzione". Tagliato fuori dal mondo, lontano dal rumore e dal furore dell'epoca, l'uomo emana un'aria di pace e serenità che contrasta con quella dei campi di battaglia ("La compagnia di quest'uomo mi dava una sensazione di pace"). Naturalmente, il parallelo rimane discreto e implicito: la guerra appare solo sullo sfondo, nascosta dallo straordinario lavoro di Elzéard Bouffier, che totalizza migliaia di alberi e molti chilometri coperti dalla foresta. Tuttavia, è possibile individuare dei punti di contatto tra i due universi. Quando il pastore mostra al narratore "dei popolamenti di betulle che risalivano a cinque anni fa, cioè al 1915, quando avevo combattuto a Verdun", gli alberi sono personificati: sono "teneri come giovani ragazze, e molto determinati". Attraverso un'eco metaforica, queste betulle rappresentano gli uomini giovani, freschi e coraggiosi le cui vite sono state stroncate a Verdun. Allo stesso modo, il narratore spiega che: "La foresta non correva gravi rischi se non durante la guerra del 1939. Allora le automobili funzionavano con l'alcool di legno e non c'era mai abbastanza legna. Cominciarono a tagliare alcuni dei popolamenti di querce del 1910…". Il testo può essere collegato ad altri testi: nel suo romanzo *Al mattatoio*, Giono lamenta la strage di alberi provocata dalla guerra e descrive la desertificazione delle campagne e dei villaggi in rovina sul fronte. Di conseguenza, il paesaggio desertico e i villaggi fantasma della prima parte del racconto possono riflettere i ricordi personali dell'autore. Infatti, anche queste terre sembrano aver subito una catastrofe ("la più completa desolazione", "lo scheletro di un villaggio abbandonato", "ogni vita era scomparsa", "le carcasse delle case", "questa terra spoglia di tutto", ecc.)

In quanto tale, la foresta può simboleggiare la rinascita e la resurrezione di una razza umana in difficoltà. Gli orrori della guerra hanno cancellato l'idea stessa di umanità e l'uomo deve essere ripensato e ricostruito. La creazione di Elzéard Bouffier, il miracolo di una rinascita simboleggiato dalla resurrezione di Lazzaro, conduce a un abbozzo di utopia rurale. È quasi un'opera di civilizzazione, che si contrappone alla barbarie della regione e dei suoi abitanti prima dell'apparizione della foresta ("Sono luoghi in cui la vita è povera [...] Per di più, il vento altrettanto incessante irrita i nervi [...] [Gli abitanti] erano selvaggi, si odiavano l'un l'altro e si guadagnavano da vivere con le trappole: fisicamente e moralmente, assomigliavano a uomini preistorici [...] La loro vita era senza speranza"). Ora i villaggi appaiono in un'atmosfera bucolica e rurale, caratterizzata da:

- la mitezza del clima ("Tutto era cambiato, anche l'aria stessa. Al posto delle folate secche e brutali che mi avevano accolto tempo prima, una brezza gentile mi sussurrava, portando dolci odori");

- l'ambiente di vita idilliaco ("Anche il vento era stato all'opera, disperdendo alcuni semi. Con la ricomparsa dell'acqua, riapparvero anche salici, vimini, prati, giardini, fiori e una certa ragione di vita");

- lavoro comune, armonia e gioia ("I ruscelli sono stati incanalati. Accanto a ogni fattoria, tra boschetti di aceri, le vasche delle fontane sono bordate da tappeti di menta fresca. A poco a poco, i villaggi sono stati ricostruiti [...] Camminando lungo le strade incontrerete uomini e donne in piena salute, e ragazzi e ragazze che sanno ridere, e che hanno ritrovato il gusto per le tradizionali feste rustiche").

Gli alberi sono i garanti e i guardiani della pace e della felicità, nonché i portatori di vita e di civiltà. La natura, che permette alla vita di fiorire, a differenza della guerra, protegge l'umanità dai suoi eccessi selvaggi e distruttivi. L'autore invita le persone a sviluppare il loro potenziale creativo piuttosto che applicare il loro potere distruttivo.

VERSO UNA LETTURA AGGIORNATA: L'IMPEGNO ECOLOGICO

Sebbene possa essere un po' anacronistico parlare di impegno ecologico, nel senso politico del termine, una lettura aggiornata de *L'uomo che piantava gli alberi* è comunque resa possibile dalla sua natura parabolica, e quindi universale. Il messaggio principale è naturalmente un appello a piantare alberi per combattere la desertificazione della terra e la deforestazione, e come simbolo della vita e della volontà di fare un lavoro che andrà a beneficio delle generazioni future. In un certo senso, il significato della storia si è sviluppato nel tempo, perché le questioni ecologiche e ambientali sono al centro dei dibattiti civili e politici contemporanei. La massiccia deforestazione e la moltitudine di problemi umani e ambientali che essa comporta rendono *L'uomo che piantava gli alberi* un manifesto dolorosamente attuale per la salvaguardia del nostro patrimonio naturale. Nel racconto, le autorità e i rappresentanti dello Stato vengono derisi e le loro azioni appaiono vane e incoerenti, mentre il lavoro di un singolo uomo ha un significato per generazioni. Oggi potremmo leggervi una critica alle politiche ambientali dei nostri governanti e una rivendicazione del ritorno alla natura in un mondo privo di valori e minacciato da un'industrializzazione sfrenata.

Una lettura del racconto mette in evidenza l'azione positiva dell'uomo sull'ambiente e l'armonia tra uomo e natura, che si traduce in armonia sociale tra le persone. Si tratta di un evidente ideale ecologico. È importante chiarire che questa idea di natura non è universalmente accettata nell'opera di

Giono e che *L'uomo che piantava gli alberi* è un testo a sé stante, come hanno dimostrato alcuni critici. In ogni caso, l'amore per gli alberi è al centro del messaggio trasmesso dal racconto, che trascende i diversi livelli di lettura.

ULTERIORI RIFLESSIONI

ALCUNE DOMANDE SU CUI RIFLETTERE...

- Chi è Elzéard Bouffier? Cosa può rappresentare? Qual è il significato della sua opera?

- In che modo si può dire che questo testo è una parabola? Qual è il significato della parabola?

- Secondo lei, quale messaggio principale trasmette questo racconto?

- Qual è il posto del narratore nella narrazione? Come vede l'opera di Elzéard Bouffier?

- Collocate *L'uomo che piantava gli alberi* in relazione alle altre opere di Giono. Il suo rapporto con la natura è lo stesso?

- Che cosa simboleggia l'albero in generale? Quale simbologia acquisisce in particolare nell'universo di Giono?

- Quali collegamenti si possono fare tra il racconto e alcuni temi attuali riguardanti la protezione dell'ambiente?

- La menzione della guerra le sembra importante nella narrazione?

ULTERIORI LETTURE

EDIZIONE DI RIFERIMENTO

Giono, J. [Senza data]. *L'uomo che piantava gli alberi*. [Online]. Trans. Doyle, P. [Accesso 24 ottobre 2016]. Disponibile da: <http://www.perso.ch/arboretum/Man_Tree.htm?Submit.x=20&Submit.y=5>

ADATTAMENTO

L'uomo che piantava gli alberi (1987) [Film d'animazione]. Frédérick Back. Dir. Canada: Canadian Broadcasting Corporation (Disponibile online da www.youtube.com)

Vogliamo sapere da voi!
Lasciate un commento sulla vostra biblioteca online
e condividete i vostri libri preferiti sui social media!

www.50minutes.com

Master ISBN: 9782808690898
ISBN cartaceo: 9782808612296
Deposito legale: D/2023/12603/1509

Copertura: © Primento

Concezione digitale a cura di Primento, il partner digitale degli editori.